My amazing grandchild

NAME: ______________________________

DATE AND TIME OF BIRTH: ______________________________

PLACE OF BIRTH: ______________________________

WEIGHT: ______________ LENGTH: ______________

PARENTS: ______________________________

WHERE I WAS WHEN I HEARD THE NEWS: ______________________________

____

FIRST VISIT (DATE, PLACE): ______________________________

WHAT MY GRANDCHILD CALLS ME: ______________________________

GRANDCHILD'S AGE AT THE START OF THIS JOURNAL: ________

INTRODUCTION

"If I had known how wonderful it would be to have grandchildren," wrote author Lois Wyse, "I'd have had them first." Why are grandchildren so wonderful? First, you get to enjoy them without having to raise them—to be the source of more ice-cream cones than broccoli, of more yeses than nos. Most grandparents also have survived enough child-rearing storms that they can now weather them with much less angst. But the real wonder of grandparenting is in its overlapping layers. You have been a child and a grandchild; now you are a parent and a grandparent, watching your child raise another.

In this journal, you can record details of all those relationships for three years. By answering the daily questions, you will create a portrait of your grandchild (beginning at any point in his or her life) and of yourself as a grandparent, and even a snapshot of your own child as a parent. The unique format allows you to revisit questions at one-year intervals to savor how your grandchild has grown and to discover how your observations and feelings about your family have deepened, changed, or stayed the same. When the journal is complete, hand it back to your grandchild as a lasting token of your love for him or her.

Published in the United States by Clarkson Potter/Publishers,
an imprint of the Crown Publishing Group,
a division of Penguin Random House LLC, New York.
crownpublishing.com
clarksonpotter.com

CLARKSON POTTER is a trademark and POTTER with
colophon is a registered trademark of
Penguin Random House LLC.

ISBN 978-1-5247-5953-7

Printed in China

Text by Dian G. Smith (aka Nana)
Cover illustration © shutterstock.com/Irtsya

10 9 8 7 6 5 4 3 2 1

First Edition

JANUARY

1

What is your dream for
your grandchild?

20_____ • ____

20_____ • ____

20_____ • ____

2

JANUARY

Whom in your family does
your grandchild look like?

20____ • ____________________________

20____ • ____________________________

20____ • ____________________________

JANUARY

3

What most fascinates
your grandchild now?

20____ • ____

20____ • ____

20____ • ____

4 JANUARY

How do you make your grandchild laugh?

20____ • ____________________________

20____ • ____________________________

20____ • ____________________________

JANUARY

5

What upsets your grandchild?

20____ • ____________________

20____ • ____________________

20____ • ____________________

6

JANUARY

What photo of your grandchild
do you have on display?

20____ • ____________________

20____ • ____________________

20____ • ____________________

JANUARY

7

What was the last gift
you gave to your grandchild?

20____ • ____________________

20____ • ____________________

20____ • ____________________

8

JANUARY

How is your grandchild like your child at the same age?

20____ • ____________________

20____ • ____________________

20____ • ____________________

JANUARY

9

How does being a grandparent keep you young?

20____ • ______________________________

20____ • ______________________________

20____ • ______________________________

10

JANUARY

How does your grandchild's height compare with that of other children the same age?

20___ • ______________________________

20___ • ______________________________

20___ • ______________________________

JANUARY

11

What do you bring with you when you babysit or visit your grandchild?

20____ • ________________________________

20____ • ________________________________

20____ • ________________________________

12

JANUARY

To whom do you show off photos of your grandchild?

20____ • ____________________

20____ • ____________________

20____ • ____________________

JANUARY

13

What is your grandchild's favorite activity?

20____ • ______________________________

20____ • ______________________________

20____ • ______________________________

14

JANUARY

What is your grandchild's favorite song?

20____ • ____________________

20____ • ____________________

20____ • ____________________

JANUARY

15

What songs do you sing with your grandchild?

20____ • ____________________

____

____

____

____

20____ • ____________________

____

____

____

____

20____ • ____________________

____

____

____

____

16

JANUARY

What is your grandchild's
favorite way to travel?

20____ • ____________________

20____ • ____________________

20____ • ____________________

JANUARY

17

What special fun do you have with your grandchild in the winter?

20____ • ____________________

20____ • ____________________

20____ • ____________________

18

JANUARY

What winter memory do you have
of one of your grandparents?

20___ • ___

20___ • ___

20___ • ___

JANUARY

19

What is your grandchild's latest accomplishment?

20____ • ______________________________

20____ • ______________________________

20____ • ______________________________

20

JANUARY

What is your greatest challenge as a grandparent?

20____ • ______________________________

20____ • ______________________________

20____ • ______________________________

JANUARY

21

When did you last see your grandchild?
(Screen visits count!)

20____ • ______________________________

20____ • ______________________________

20____ • ______________________________

22

JANUARY

When is your grandchild
the sweetest?

20____ • ____________________

20____ • ____________________

20____ • ____________________

JANUARY

23

What games does your grandchild like to play?

20____ • ______________________________

20____ • ______________________________

20____ • ______________________________

24

JANUARY

What is the biggest change you've noticed in your grandchild recently?

20____ • ______________________

20____ • ______________________

20____ • ______________________

JANUARY 25

When is your grandchild's "witching hour"?

20____ • ____________________

20____ • ____________________

20____ • ____________________

26

JANUARY

What are your grandchild's cutest sounds, words, or catchphrases?

20____ • ______________________________

20____ • ______________________________

20____ • ______________________________

JANUARY 27

What new parenting practice do you wish you had known when you were raising your child?

20___ • ___

20___ • ___

20___ • ___

28

JANUARY

What makes you proudest of
your child as a parent?

20____ • ____

20____ • ____

20____ • ____

JANUARY

29

What proves that you would do anything for your grandchild?

20____ • ____________________

20____ • ____________________

20____ • ____________________

30

JANUARY

What have you taught your grandchild lately?

20____ • ____________________

20____ • ____________________

20____ • ____________________

JANUARY

31

Does your grandchild
like to dance?

20____ • ____________________

20____ • ____________________

20____ • ____________________

1

FEBRUARY

Is your grandchild an animal lover?

20____ • ____________________

20____ • ____________________

20____ • ____________________

FEBRUARY

2

What does your grandchild do over and over and over and over?

20____ • ________________________

20____ • ________________________

20____ • ________________________

3

FEBRUARY

What is your relationship with the in-law grandparents?

20____ • ____________________

20____ • ____________________

20____ • ____________________

FEBRUARY

4

How do you comfort your grandchild?

20___ • ______________________________

20___ • ______________________________

20___ • ______________________________

5

FEBRUARY

Make a prediction: what will your grandchild be like at this time next year?

20____ • ____________________

20____ • ____________________

20____ • ____________________

FEBRUARY

6

What is a sign that your grandchild will be good with his or her hands?

20____ • ____________________

____

____

____

____

20____ • ____________________

____

____

____

____

20____ • ____________________

____

____

____

____

7

FEBRUARY

How has your relationship with your own child changed?

20____ • ________________________________

____

____

____

____

20____ • ________________________________

____

____

____

____

20____ • ________________________________

____

____

____

____

FEBRUARY 8

What do you like best about your grandchild's age now?

20____ • ____________________

20____ • ____________________

20____ • ____________________

9

FEBRUARY

Where do you display
your grandchild's art?

20____ • ____________________

20____ • ____________________

20____ • ____________________

FEBRUARY

10

How would you describe your grandchild's temperament?

20____ • ____________________

20____ • ____________________

20____ • ____________________

11

FEBRUARY

What is your favorite time to be with your grandchild?

20____ • ____________________

20____ • ____________________

20____ • ____________________

FEBRUARY

12

What is a convenience parents have today that you wish you had had?

20____ • ______________________________

20____ • ______________________________

20____ • ______________________________

13

FEBRUARY

How is your grandchild's
body changing?

20____ • ____________________

20____ • ____________________

20____ • ____________________

FEBRUARY

14

Finish this Valentine rhyme
about your grandchild:
Roses are red
Violets are blue

20____ • ____________________

20____ • ____________________

20____ • ____________________

15

FEBRUARY

What does your grandchild like to do in your home?

20____ • ______________________________

20____ • ______________________________

20____ • ______________________________

FEBRUARY

16

What did you like to do when you visited your grandparents at your grandchild's age?

20___ • ______________________________

20___ • ______________________________

20___ • ______________________________

17

FEBRUARY

What are your sleepover traditions?

20____ • ____________________

20____ • ____________________

20____ • ____________________

FEBRUARY

18

If you were going to brag about your grandchild, what would you say?

20____ • ______________________________

20____ • ______________________________

20____ • ______________________________

19

FEBRUARY

What is your dream for yourself
as a grandparent?

20____ • ____________________

20____ • ____________________

20____ • ____________________

FEBRUARY

20

What is your grandchild's most distinctive feature?

20____ • ____________________

20____ • ____________________

20____ • ____________________

21

FEBRUARY

What would you change about your grandchild's life if you could?

20____ • ______________________________

20____ • ______________________________

20____ • ______________________________

FEBRUARY

22

Which outfit of your grandchild's do you like best?

20____ • ____________________

20____ • ____________________

20____ • ____________________

23

FEBRUARY

What snacks does your grandchild like?

20____ • ____________________

20____ • ____________________

20____ • ____________________

FEBRUARY

24

What is the best grandparenting advice you have received recently?

20____ • ______________________________

____

____

____

____

20____ • ______________________________

____

____

____

____

20____ • ______________________________

____

____

____

____

25

FEBRUARY

How does your grandchild
approach new experiences?

20____ • ____________________

20____ • ____________________

20____ • ____________________

FEBRUARY

26

What or whom does your grandchild like to imitate?

20____ • ______________________________

20____ • ______________________________

20____ • ______________________________

27

FEBRUARY

What is your grandchild's favorite book?

20____ • ____________________

20____ • ____________________

20____ • ____________________

FEBRUARY

28

What was your child's favorite book at your grandchild's age?

20____ • ____________________

20____ • ____________________

20____ • ____________________

29

FEBRUARY

Picture Day: Leap year or not, attach a recent favorite photo of your grandchild.

20____

20____

20____

MARCH

1

What do you admire about your daughter- or son-in-law?

20___ • ___

20___ • ___

20___ • ___

2

MARCH

How has your grandchild
recently surprised you?

20____ • ____________________

20____ • ____________________

20____ • ____________________

MARCH 3

How outgoing is your grandchild? Rate him or her on a scale from 1 (reserved) to 10 (gregarious).

20____ • ____________________

20____ • ____________________

20____ • ____________________

4

MARCH

How do you entertain your grandchild in the car?

20____ • ________________________________

20____ • ________________________________

20____ • ________________________________

MARCH

5

How were you creative with your grandchild recently?

20____ • ______________________________

20____ • ______________________________

20____ • ______________________________

6

MARCH

What do you stock up on when your grandchild is coming to visit?

20____ • ______________________________

20____ • ______________________________

20____ • ______________________________

MARCH 7

What are your grandchild's eating habits?

20____ • ____________________

20____ • ____________________

20____ • ____________________

8

MARCH

Which plaything does your grandchild enjoy most?

20____ • ______________________________

20____ • ______________________________

20____ • ______________________________

MARCH

9

How are you *unlike* the stereotype of a grandparent?

20___ • ____________________

20___ • ____________________

20___ • ____________________

10

MARCH

What book do you look forward to sharing with your grandchild in the future?

20____ • ____

____

____

____

____

20____ • ____

____

____

____

____

20____ • ____

____

____

____

____

MARCH

11

Where would you like to take
your grandchild?

20____ • ______________________________

20____ • ______________________________

20____ • ______________________________

12

MARCH

Is your grandchild a hugger?

20____ • ______________________________

20____ • ______________________________

20____ • ______________________________

MARCH

13

What arts and crafts activities does your grandchild like?

20____ • ______________________________

20____ • ______________________________

20____ • ______________________________

14

MARCH

Do you have a regular babysitting or visiting time?

20____ • ________________________________

20____ • ________________________________

20____ • ________________________________

MARCH 15

What is your grandchild's
current hairstyle?

20____ • ____

20____ • ____

20____ • ____

16

MARCH

What is your grandchild's
favorite food?

20____ • ______________________________

20____ • ______________________________

20____ • ______________________________

MARCH

17

What was your child's favorite food at your grandchild's age?

20____ • ______________________________

20____ • ______________________________

20____ • ______________________________

18

MARCH

What is the toughest thing about being a grandparent?

20____ • ____

20____ • ____

20____ • ____

MARCH

19

What parenting issues do you least enjoy revisiting as a grandparent?

20____ • ____________________

20____ • ____________________

20____ • ____________________

20

MARCH

What advice have you given
your grandchild's parents lately?

20___ • ______________________________

20___ • ______________________________

20___ • ______________________________

MARCH

21

What affectionate name do you call your grandchild?

20____ • ______________________________

20____ • ______________________________

20____ • ______________________________

22

MARCH

In what way do you want to be like one of your own grandparents?

20____ • ____________________

20____ • ____________________

20____ • ____________________

MARCH

23

Are you ever jealous of your grandchild's other grandparents? Why or why not?

20____ • ______________________________

20____ • ______________________________

20____ • ______________________________

24

MARCH

What child-friendly activities
are in your neighborhood?

20____ • ______________________________

20____ • ______________________________

20____ • ______________________________

MARCH

25

What did you read that reminded you of your grandchild?

20____ • ______________________________

20____ • ______________________________

20____ • ______________________________

26

MARCH

What is a sign that your grandchild is a good thinker?

20____ • ____________________

20____ • ____________________

20____ • ____________________

MARCH

27

What special parenting trick of yours works well with your grandchild?

20____ • ______________________________

____

____

____

____

20____ • ______________________________

____

____

____

____

20____ • ______________________________

____

____

____

____

28

MARCH

How does your grandchild get along with his or her siblings and cousins?

20___ • ____________________

20___ • ____________________

20___ • ____________________

MARCH

29

What is your child's parenting style?

20____ • ____

____

____

____

____

20____ • ____

____

____

____

____

20____ • ____

____

____

____

____

30

MARCH

Has your grandchild had a
mishap while on your watch?

20____ • ________________________________

____

____

____

____

20____ • ________________________________

____

____

____

____

20____ • ________________________________

____

____

____

____

MARCH

31

How does technology benefit your grandchild?

20____ • ______________________________

20____ • ______________________________

20____ • ______________________________

1

APRIL

In what ways does your grandchild look like your daughter- or son-in-law?

20____ • ____________________

20____ • ____________________

20____ • ____________________

APRIL

2

Do you and your grandchild's parents have the same views about discipline?

20____ • ______________________________

20____ • ______________________________

20____ • ______________________________

3

APRIL

What can't you wait to do
with your grandchild?

20____ • ______________________________

20____ • ______________________________

20____ • ______________________________

APRIL

4

What is your grandchild's favorite color?

20____ • ____________________

20____ • ____________________

20____ • ____________________

5

APRIL

What is your greatest strength
as a grandparent?

20____ • ____________________

20____ • ____________________

20____ • ____________________

APRIL

6

Have you canceled plans with friends recently in order to see your grandchild?

20____ • ______________________________

20____ • ______________________________

20____ • ______________________________

7

APRIL

Compare photos of your child and your grandchild at this age. What do you notice?

20___ • ___

20___ • ___

20___ • ___

APRIL

8

How did you help celebrate your grandchild's birthday this year?

20____ • ____________________

20____ • ____________________

20____ • ____________________

9

APRIL

How do you hope to share your values with your grandchild?

20____ • ____________________

20____ • ____________________

20____ • ____________________

APRIL

10

What have you done as a grandparent
that you didn't do as a parent?

20____ • ____________________

20____ • ____________________

20____ • ____________________

11

APRIL

How can you usually get your grandchild to smile?

20____ • ______________________________

____

____

____

____

20____ • ______________________________

____

____

____

____

20____ • ______________________________

____

____

____

____

APRIL

12

What makes it easier to be a parent today than when you were a parent?

20____ • ________________________

20____ • ________________________

20____ • ________________________

13

APRIL

What do you and your grandchild
do together outdoors?

20____ • ____________________

20____ • ____________________

20____ • ____________________

APRIL

14

What have you made for your grandchild recently?

20____ • ______________________________

20____ • ______________________________

20____ • ______________________________

15

APRIL

What dangers in the world do you worry about for your grandchild?

20____ • ____________________

20____ • ____________________

20____ • ____________________

APRIL

16

What do you see of yourself in your grandchild?

20____ • ______________________________

____

____

____

____

20____ • ______________________________

____

____

____

____

20____ • ______________________________

____

____

____

____

17 APRIL

When did your grandchild
wear you out?

20____ • ______________________________

20____ • ______________________________

20____ • ______________________________

APRIL 18

What do you like to do in the spring with your grandchild?

20___ • ______________________________

20___ • ______________________________

20___ • ______________________________

19

APRIL

What memory do you have of being with one of your grandparents in the springtime?

20____ • ____________________

20____ • ____________________

20____ • ____________________

APRIL 20

What is your grandchild's best personality trait?

20____ • ______________________________

20____ • ______________________________

20____ • ______________________________

21

APRIL

What is your daughter- or son-in-law's parenting style?

20____ • ______________________________

20____ • ______________________________

20____ • ______________________________

APRIL 22

What is a goofy word you use with your grandchild? What does it mean?

20____ • ______________________________

20____ • ______________________________

20____ • ______________________________

23

APRIL

How do you prepare your home
for your grandchild's visits?

20____ • ____________________

20____ • ____________________

20____ • ____________________

APRIL

24

What is a good grandparenting idea you discovered recently?

20____ • ____

20____ • ____

20____ • ____

25

APRIL

How do you comfort your grandchild
when he or she is sick?

20____ • ________________________________

20____ • ________________________________

20____ • ________________________________

APRIL

26

What kind of help from you do your grandchild's parents most appreciate?

20___ • ___

20___ • ___

20___ • ___

27

APRIL

When do you think technology
is *not* good for children?

20____ • ________________________________

20____ • ________________________________

20____ • ________________________________

APRIL

28

Record a memorable exchange you had with your grandchild.

20____ • ______________________________

____

____

____

____

20____ • ______________________________

____

____

____

____

20____ • ______________________________

____

____

____

____

29

APRIL

How has being a parent
changed your child?

20____ • ____________________

20____ • ____________________

20____ • ____________________

APRIL 30

What is a signature gesture
of your grandchild's?

20____ • ________________

20____ • ________________

20____ • ________________

1

MAY

Does your grandchild
have any fears?

20____ • ________________________________

20____ • ________________________________

20____ • ________________________________

MAY

2

What is a difficult aspect of childcare at your grandchild's age that you had forgotten?

20____ • ____________________

20____ • ____________________

20____ • ____________________

3

MAY

How does your grandchild
make you feel lucky?

20____ • ____________________

20____ • ____________________

20____ • ____________________

MAY 4

What do you do when your grandchild balks?

20____ • ______________________________

20____ • ______________________________

20____ • ______________________________

5

MAY

What gift did you bring your grandchild from a recent trip?

20____ • ______________________________

20____ • ______________________________

20____ • ______________________________

MAY

6

Which relative do you wish your grandchild could have known? Why?

20____ • ______________________________

20____ • ______________________________

20____ • ______________________________

7

MAY

What is the trick to grocery shopping with your grandchild?

20____ • ____________________

20____ • ____________________

20____ • ____________________

MAY

8

What is your grandchild's
bedtime routine?

20____ • ______________________________

____

____

____

____

20____ • ______________________________

____

____

____

____

20____ • ______________________________

____

____

____

____

9

MAY

What was your child's bedtime routine at your grandchild's age?

20___ • ______________________________

20___ • ______________________________

20___ • ______________________________

MAY

10

What dessert does your grandchild ask you to make?

20____ • ____________________

20____ • ____________________

20____ • ____________________

11

MAY

What makes your grandchild grumpy?

20____ • ____________________

20____ • ____________________

20____ • ____________________

MAY

12

How have pediatricians changed the rules since you were a parent?

20____ • ____________________

20____ • ____________________

20____ • ____________________

13

MAY

How is your grandchild's face changing?

20____ • ____________________

20____ • ____________________

20____ • ____________________

MAY 14

What do you imagine your grandchild growing up to be?

20____ •

20____ •

20____ •

15

MAY

How did you celebrate
Mother's Day this year?

20____ • ____________________

20____ • ____________________

20____ • ____________________

MAY

16

Would you like to have
more grandchildren?

20____ • __________

20____ • __________

20____ • __________

17

MAY

What gift do you treasure
from your grandchild?

20___ • ___________

20___ • ___________

20___ • ___________

MAY

18

What child-rearing philosophy do you share with the in-law grandparents?

20____ • ____________________

20____ • ____________________

20____ • ____________________

19

MAY

How do your grandchild's parents show you their gratitude?

20____ • ____________________

20____ • ____________________

20____ • ____________________

MAY

20

What is your grandchild's favorite breakfast food?

20____ • ____________________

20____ • ____________________

20____ • ____________________

21

MAY

What unnecessary new gear does your grandchild have?

20____ • ______________________________

20____ • ______________________________

20____ • ______________________________

MAY

22

What pleased you most recently about your grandchild?

20____ • ____

20____ • ____

20____ • ____

23

MAY

What is the secret to a good relationship with your daughter- or son-in-law?

20____ • ____________________

20____ • ____________________

20____ • ____________________

MAY

24

What is your grandchild's
favorite pet or animal?

20____ • ____________________

____

____

____

____

20____ • ____________________

____

____

____

____

20____ • ____________________

____

____

____

____

25

MAY

What does your grandchild like
to do at the playground?

20____ • ______________________________

20____ • ______________________________

20____ • ______________________________

MAY

26

What is something your grandchild recently learned at day care / special classes / school?

20____ • ______________________________

20____ • ______________________________

20____ • ______________________________

27

MAY

What new children's books
have you discovered?

20____ • ____

20____ • ____

20____ • ____

MAY

28

When are you strict with your grandchild?

20____ • ______________________________

20____ • ______________________________

20____ • ______________________________

29

MAY

When did your child ask you
for parenting advice?

20____ • ________________________________

20____ • ________________________________

20____ • ________________________________

MAY

30

How can you tell when your grandchild is tired?

20____ • ______________________________

20____ • ______________________________

20____ • ______________________________

31

MAY

What artwork do you treasure from your grandchild?

20____ • ____________________

20____ • ____________________

20____ • ____________________

JUNE

1

What is the longest time you've spent alone with your grandchild?

20___ • ___

20___ • ___

20___ • ___

2

JUNE

How does your grandchild
play in the water?

20____ • ____________________

____

____

____

____

20____ • ____________________

____

____

____

____

20____ • ____________________

____

____

____

____

JUNE

3

What other grandparent
do you admire? Why?

20____ • ______________________________

20____ • ______________________________

20____ • ______________________________

JUNE

Does your grandchild have
a special smell?

20____ • ______________________________

20____ • ______________________________

20____ • ______________________________

JUNE

5

How do you handle scraped knees and falls—either physical or emotional?

20____ • ____________________

20____ • ____________________

20____ • ____________________

6

JUNE

What do you like least about your grandchild's current age?

20____ • ______________________________

20____ • ______________________________

20____ • ______________________________

JUNE 7

What does your grandchild do that always makes you laugh?

20____ • ______________________________

20____ • ______________________________

20____ • ______________________________

8

JUNE

What mischief has your grandchild gotten into lately?

20____ • ____________________

20____ • ____________________

20____ • ____________________

JUNE

9

How is your grandchild different
from your child at this age?

20____ • ____________________

20____ • ____________________

20____ • ____________________

10

JUNE

In what way are you a
storybook grandparent?

20____ • ____

20____ • ____

20____ • ____

JUNE 11

Draw a picture of an expression your grandchild makes—and interpret it.

20____ • ____________________

20____ • ____________________

20____ • ____________________

12

JUNE

When did you miss
your grandchild?

20____ • ____________________

20____ • ____________________

20____ • ____________________

JUNE 13

When did you lose your temper
with your grandchild?

20____ • ______________________________

20____ • ______________________________

20____ • ______________________________

14

JUNE

What is something new you showed your grandchild how to do?

20____ • ______________________________

20____ • ______________________________

20____ • ______________________________

JUNE

15

What do you talk about when your grandchild calls you?

20____ • ____________________

20____ • ____________________

20____ • ____________________

16

JUNE

Where have you traveled with
your grandchild recently?

20____ •

20____ •

20____ •

JUNE

17

What can you teach your grandchild at this age?

20____ • ______________________________

20____ • ______________________________

20____ • ______________________________

18

JUNE

What amazed your
grandchild recently?

20____ • ____________________

20____ • ____________________

20____ • ____________________

JUNE

19

What does your grandchild refuse to do?

20____ • ____________________

20____ • ____________________

20____ • ____________________

20

JUNE

What special interest did another grandparent share with you recently?

20____ • ______________________________

20____ • ______________________________

20____ • ______________________________

JUNE

21

How do you share a special interest of yours with your grandchild?

20_____ • ______________________________

20_____ • ______________________________

20_____ • ______________________________

22

JUNE

How does your grandchild
play in the sand?

20____ • ______________________________

20____ • ______________________________

20____ • ______________________________

JUNE

23

When did you see your grandchild being a leader?

20____ • ______________________________

20____ • ______________________________

20____ • ______________________________

24

JUNE

When did you see your
grandchild being a follower?

20____ • ______________________________

20____ • ______________________________

20____ • ______________________________

JUNE

25

When did you say no
to your grandchild?

20____ • ______________________________

____

____

____

____

20____ • ______________________________

____

____

____

____

20____ • ______________________________

____

____

____

____

26

JUNE

How did you celebrate
Father's Day this year?

20____ • ____

20____ • ____

20____ • ____

JUNE

27

How does your grandchild behave at the doctor's office?

20____ • ____________________

20____ • ____________________

20____ • ____________________

28

JUNE

Do you have a worry about
your grandchild?

20____ • ____________________

20____ • ____________________

20____ • ____________________

JUNE

29

Do you have a worry
about your child?

20____ • ______________________________

20____ • ______________________________

20____ • ______________________________

30

JUNE

Where would you like to go for
an adventure with your grandchild?

20____ • ______________________________

20____ • ______________________________

20____ • ______________________________

JULY

1

How does your grandchild greet you?

20____ • ____

20____ • ____

20____ • ____

2

JULY

What quirks does your grandchild have?

20____ • ____________________

20____ • ____________________

20____ • ____________________

JULY 3

What new food did you get your grandchild to try—and how did it go?

20____ • ______________________________

20____ • ______________________________

20____ • ______________________________

4

JULY

Does your grandchild prefer the pool or beach? Why?

20____ • ____________________

20____ • ____________________

20____ • ____________________

JULY

5

How is it harder to be a parent today than when you were a parent?

20____ • ______________________________

20____ • ______________________________

20____ • ______________________________

6

JULY

Whose temperament does your grandchild's remind you of?

20____ • ____________________

20____ • ____________________

20____ • ____________________

JULY

7

Does your grandchild have a favorite stuffed animal, doll, or other lovey?

20____ • ____________________

20____ • ____________________

20____ • ____________________

8

JULY

What kind of roughhousing does your grandchild like?

20___ • ______________________________

20___ • ______________________________

20___ • ______________________________

JULY 9

How does your grandchild react to having his or her picture taken?

20____ • ____________________

20____ • ____________________

20____ • ____________________

10

JULY

How do you see yourself in your grandchild's mannerisms?

20____ • ______________________________

20____ • ______________________________

20____ • ______________________________

JULY

11

What performance or movie did your grandchild enjoy recently?

20____ • ____________________

20____ • ____________________

20____ • ____________________

12

JULY

What does your grandchild notice in nature?

20____ • ______________________________

20____ • ______________________________

20____ • ______________________________

JULY

13

What is a newly discovered joy
of grandparenting?

20____ • ________________________________

20____ • ________________________________

20____ • ________________________________

14

JULY

Are there any special rules in your home?

20____ • ________________________________

20____ • ________________________________

20____ • ________________________________

JULY 15

What classic children's books does your grandchild enjoy?

20____ • ______________________________

20____ • ______________________________

20____ • ______________________________

16

JULY

What food does your grandchild refuse to eat?

20____ • ______________________________

20____ • ______________________________

20____ • ______________________________

JULY

17

What do you love to watch
your grandchild do?

20____ • ______________________________

20____ • ______________________________

20____ • ______________________________

18

JULY

What special activities do you do with your grandchild in the summer?

20____ • ______________________________

20____ • ______________________________

20____ • ______________________________

JULY

19

What summer memory do you have of one of your grandparents?

20____ • ____________________

20____ • ____________________

20____ • ____________________

20

JULY

What do you miss about being a parent?

20____ • ____________________

20____ • ____________________

20____ • ____________________

JULY

21

What have you seen afresh through your grandchild's eyes?

20____ • ____________________

20____ • ____________________

20____ • ____________________

22

JULY

Do you agree with your grandchild's parents about his or her technology use? Why or why not?

20____ • ____

20____ • ____

20____ • ____

JULY

23

What is the longest time you have been away from your grandchild within the past year?

20____ • ______________________________

20____ • ______________________________

20____ • ______________________________

24

JULY

Describe your grandchild's smile.

20____ • ____________________

20____ • ____________________

20____ • ____________________

JULY

25

What do you wish would never change about your grandchild?

20____ • ____

____

____

____

____

20____ • ____

____

____

____

____

20____ • ____

____

____

____

____

26

JULY

When did your grandchild
warm your heart?

20____ • ____________________

20____ • ____________________

20____ • ____________________

How does your grandchild self-soothe?

20___ • ___

20___ • ___

20___ • ___

28

JULY

What is your grandchild's social style?

20____ •

20____ •

20____ •

JULY

29

When did your grandchild's behavior in public embarrass you?

20____ • ______________________________

20____ • ______________________________

20____ • ______________________________

30

JULY

Why is your grandchild easier or harder to handle than your child at this age?

20____ • ____________________

20____ • ____________________

20____ • ____________________

JULY 31

What everyday household item can entertain your grandchild?

20____ • ____________________

20____ • ____________________

20____ • ____________________

1

AUGUST

What kind of childcare / day care / school / after-school arrangement will your grandchild have this year?

20____ • ______________________________

20____ • ______________________________

20____ • ______________________________

AUGUST

2

How is your grandchild expressive
with his or her eyes?

20____ • ______________________________

20____ • ______________________________

20____ • ______________________________

3

AUGUST

What has surprised you most
about grandparenting?

20____ • ____

20____ • ____

20____ • ____

AUGUST

4

Does your grandchild like to take risks?
What kind?

20____ • ____________________

____

____

____

____

20____ • ____________________

____

____

____

____

20____ • ____________________

____

____

____

____

5

AUGUST

How often do you usually
see your grandchild?

20____ • ________________________________

20____ • ________________________________

20____ • ________________________________

AUGUST

6

Do you think your grandchild will be an athlete? Why or why not?

20____ • ____________________

20____ • ____________________

20____ • ____________________

7

AUGUST

Is your grandchild an
adventurous eater?

20____ • ______________________________

20____ • ______________________________

20____ • ______________________________

AUGUST

8

How is your grandchild most like your daughter- or son-in-law?

20____ • ____________________

20____ • ____________________

20____ • ____________________

9

AUGUST

How is your grandchild most like your child?

20____ • ______________________________

20____ • ______________________________

20____ • ______________________________

AUGUST 10

Write a haiku about your grandchild (5 syllables / 7 syllables / 5 syllables).

20____ • ______________________________

20____ • ______________________________

20____ • ______________________________

11

AUGUST

What new music have you discovered with your grandchild?

20____ • ____

20____ • ____

20____ • ____

AUGUST

12

What is your grandchild's energy level? Rate it from 1 (sluggish) to 10 (vivacious)?

20____ • ____________________

____

____

____

____

20____ • ____________________

____

____

____

____

20____ • ____________________

____

____

____

____

13

AUGUST

Does your grandchild have one intense interest?

20____ • ______________________________

20____ • ______________________________

20____ • ______________________________

AUGUST

14

Did your child have one intense interest at your grandchild's age?

20____ • ____________________

____

____

____

____

20____ • ____________________

____

____

____

____

20____ • ____________________

____

____

____

____

15

AUGUST

Where do you keep photos
of your grandchild?

20____ • ______________________________

20____ • ______________________________

20____ • ______________________________

AUGUST

16

How do you stay in shape for active grandparenting?

20____ • ______________________________

20____ • ______________________________

20____ • ______________________________

17

AUGUST

What do you think of the
parenting gurus of today?

20____ • ______________________________

20____ • ______________________________

20____ • ______________________________

AUGUST

18

In what way is your grandchild's upbringing different from your child's upbringing?

20____ • ____________________

20____ • ____________________

20____ • ____________________

19

AUGUST

What is a food you associate
with one of your grandparents?

20____ • ______________________________

20____ • ______________________________

20____ • ______________________________

AUGUST 20

What comment has a stranger made to you about your grandchild recently?

20____ • ______________________________

20____ • ______________________________

20____ • ______________________________

21

AUGUST

What child-rearing philosophy of yours differs from that of the in-law grandparents?

20____ • ______________________________

20____ • ______________________________

20____ • ______________________________

AUGUST

22

When did your grandchild show empathy?

20____ • ______________________________

20____ • ______________________________

20____ • ______________________________

23

AUGUST

How does the heat affect
your grandchild?

20____ • ____

20____ • ____

20____ • ____

AUGUST

24

What is a great innovation for parents of children your grandchild's age?

20____ • ________________________________

____

____

____

____

20____ • ________________________________

____

____

____

____

20____ • ________________________________

____

____

____

____

25

AUGUST

What is a truism about
being a grandparent?

20___ • ______________________________

20___ • ______________________________

20___ • ______________________________

AUGUST

26

What is something your grandchild always has with him or her?

20____ • ____

20____ • ____

20____ • ____

27

AUGUST

What family heirloom are you saving for your grandchild?

20____ • ____________________

20____ • ____________________

20____ • ____________________

AUGUST

28

Which of your family traditions
has your child carried on?

20____ • ________________________________

20____ • ________________________________

20____ • ________________________________

29

AUGUST

What new family traditions have your grandchild's parents created?

20____ • ____________________

20____ • ____________________

20____ • ____________________

AUGUST

30

Describe your grandchild in three words.

20____ • ______________________________

20____ • ______________________________

20____ • ______________________________

31

AUGUST

When and how long can your grandchild play alone?

20____ • ______________________________

20____ • ______________________________

20____ • ______________________________

SEPTEMBER

1

How will you celebrate Grandparents' Day (the first Sunday after Labor Day) this year?

20____ • ________________________________

20____ • ________________________________

20____ • ________________________________

2

SEPTEMBER

What have you seen lately that made you think about your grandchild?

20____ • ______________________________

20____ • ______________________________

20____ • ______________________________

SEPTEMBER

3

How does your grandchild compare to children of the same age?

20____ • ______________________________

20____ • ______________________________

20____ • ______________________________

4

SEPTEMBER

What is your grandchild's favorite thing to wear?

20____ • ______________________________

20____ • ______________________________

20____ • ______________________________

SEPTEMBER

5

Who are your grandchild's
best friends or closest playmates?

20____ • ____________________

20____ • ____________________

20____ • ____________________

6

SEPTEMBER

How does screen time
affect your grandchild?

20____ • ________________________________

20____ • ________________________________

20____ • ________________________________

SEPTEMBER

7

What does your grandchild ask for at the grocery store?

20____ • ____________________

20____ • ____________________

20____ • ____________________

8

SEPTEMBER

Do you like your grandchild's babysitter / caregiver / teacher?

20____ • ____________

20____ • ____________

20____ • ____________

SEPTEMBER

9

What story will you tell your grandchild about your child at the same age?

20____ • ________________________________

20____ • ________________________________

20____ • ________________________________

10

SEPTEMBER

How does your grandchild act during a quiet time?

20____ • ________________________

20____ • ________________________

20____ • ________________________

SEPTEMBER

11

How do you celebrate your grandchild's birthday?

20____ • ____________________

20____ • ____________________

20____ • ____________________

12

SEPTEMBER

What's a dead giveaway in your home that you are a grandparent?

20____ • ________________________

20____ • ________________________

20____ • ________________________

SEPTEMBER

13

Does your grandchild do something that bothers you?

20____ • ____

____

____

____

____

20____ • ____

____

____

____

____

20____ • ____

____

____

____

____

14

SEPTEMBER

What is unique about
your grandchild?

20____ • ____________________

20____ • ____________________

20____ • ____________________

SEPTEMBER

15

What trick do you have for getting your grandchild to go to bed?

20____ • ____________________

20____ • ____________________

20____ • ____________________

16

SEPTEMBER

Do you worry that aging will affect your ability to be an active grandparent?

20____ • ______________________________

20____ • ______________________________

20____ • ______________________________

SEPTEMBER

17

How does being with your grandchild affect your mood?

20____ • ______________________________

20____ • ______________________________

20____ • ______________________________

18

SEPTEMBER

Have your grandchild's parents praised you for something you did recently?

20____ • ________________________________

20____ • ________________________________

20____ • ________________________________

SEPTEMBER

19

Have your grandchild's parents criticized you for something you did recently?

20____ • ________________________________

20____ • ________________________________

20____ • ________________________________

20

SEPTEMBER

What is something special you do with your grandchild in the fall?

20____ • ____________________

20____ • ____________________

20____ • ____________________

SEPTEMBER

21

What memory do you have of being with one of your grandparents in the fall?

20____ • __________

20____ • __________

20____ • __________

22

SEPTEMBER

How does your grandchild behave during organized activities?

20____ • ____________________

20____ • ____________________

20____ • ____________________

SEPTEMBER

23

How does your grandchild behave in informal groups of children?

20____ • ____________________

20____ • ____________________

20____ • ____________________

24

SEPTEMBER

Is your grandchild neat or messy?

20___ • ______________________________

20___ • ______________________________

20___ • ______________________________

SEPTEMBER 25

What artistic talent has your grandchild shown?

20____ • ____________________

20____ • ____________________

20____ • ____________________

26

SEPTEMBER

In what way has being a grandparent
most changed your life?

20____ • ______________________________

20____ • ______________________________

20____ • ______________________________

SEPTEMBER

27

How does your grandchild react
to meeting new children?

20____ • ____________________

20____ • ____________________

20____ • ____________________

28

SEPTEMBER

How does your grandchild react
to meeting a new adult?

20___ • ______________________________

20___ • ______________________________

20___ • ______________________________

SEPTEMBER

29

How is your child different from you as a parent?

20____ • ______________________________

____

____

____

____

20____ • ______________________________

____

____

____

____

20____ • ______________________________

____

____

____

____

30

SEPTEMBER

How do you cajole your grandchild?

20____ • ______________________________

20____ • ______________________________

20____ • ______________________________

OCTOBER

1

When have you seen your grandchild show kindness to someone else lately?

20____ • ______________________________

____

____

____

____

20____ • ______________________________

____

____

____

____

20____ • ______________________________

____

____

____

____

2

OCTOBER

What makes you proud
of your grandchild?

20____ • ____________________

20____ • ____________________

20____ • ____________________

OCTOBER 3

What new food and nutrition options or trends exist for children today?

20____ • ____________________

20____ • ____________________

20____ • ____________________

4

OCTOBER

How have any of your ideas about child-rearing changed recently?

20____ • ______________________________

20____ • ______________________________

20____ • ______________________________

OCTOBER

5

What is something you wish you could unsay to your grandchild's parents?

20____ • ______________________________

20____ • ______________________________

20____ • ______________________________

OCTOBER

What story have you recently shared with your grandchild about the past?

20____ • ____________________

20____ • ____________________

20____ • ____________________

OCTOBER

7

What is a story you remember a grandparent telling you about the past?

20____ • ____________________

20____ • ____________________

20____ • ____________________

8

OCTOBER

What does your grandchild like about your neighborhood?

20___ •

20___ •

20___ •

OCTOBER

9

Is your grandchild afraid of the dark?

20____ • ____________________

20____ • ____________________

20____ • ____________________

10

OCTOBER

What has tested your grandparenting skills recently?

20____ • ____________________

20____ • ____________________

20____ • ____________________

OCTOBER

11

What has tested your parenting skills recently?

20____ • ____________________

20____ • ____________________

20____ • ____________________

12

OCTOBER

How late does your grandchild stay up?

20____ • ____________________

20____ • ____________________

20____ • ____________________

OCTOBER 13

What is something new you discovered about your grandchild recently?

20____ • ______________________________

20____ • ______________________________

20____ • ______________________________

14

OCTOBER

When did your grandchild
act bravely?

20____ • ____________________

20____ • ____________________

20____ • ____________________

OCTOBER

15

What do you and your child agree most about in raising your grandchild?

20____ • ____________________

20____ • ____________________

20____ • ____________________

16

OCTOBER

How are you preparing for your grandchild's next stage?

20____ • ____________________

20____ • ____________________

20____ • ____________________

OCTOBER

17

Are you more lenient with your grandchild than you were with your child?

20___ • ____

20___ • ____

20___ • ____

18

OCTOBER

What does your grandchild like best at the zoo or aquarium?

20____ • ______________________________

20____ • ______________________________

20____ • ______________________________

OCTOBER

19

How do you spoil your grandchild?

20____ • ____________________

20____ • ____________________

20____ • ____________________

20

OCTOBER

What is something you learned about grandparenting from one of your grandparents?

20____ •

20____ •

20____ •

OCTOBER

21

When does your grandchild concentrate the most?

20____ • ____________________

20____ • ____________________

20____ • ____________________

22

OCTOBER

What was an unsuccessful outing with your grandchild and why?

20____ • ____________________

20____ • ____________________

20____ • ____________________

OCTOBER

23

When is it impossible
to resist your grandchild?

20____ • ________________________________

20____ • ________________________________

20____ • ________________________________

24

OCTOBER

What do you like best to do
with your grandchild?

20____ • ________________________________

20____ • ________________________________

20____ • ________________________________

OCTOBER

25

What does your grandchild find difficult?

20____ • ______________________________

20____ • ______________________________

20____ • ______________________________

26

OCTOBER

How has being a grandparent changed you?

20____ • ____

20____ • ____

20____ • ____

OCTOBER

27

Do you have apps on your smartphone or tablet for your grandchild?

20____ • ______________________________

20____ • ______________________________

20____ • ______________________________

28

OCTOBER

What surprises you most about
your child as a parent?

20____ • ____________________

20____ • ____________________

20____ • ____________________

OCTOBER

29

What have you been eager
to try with your grandchild?

20____ • ________________________________

20____ • ________________________________

20____ • ________________________________

30

OCTOBER

What is your grandchild
doing for Halloween?

20____ • ____________________

20____ • ____________________

20____ • ____________________

OCTOBER

31

Picture Day: Attach a photo of your grandchild dressed for Halloween.

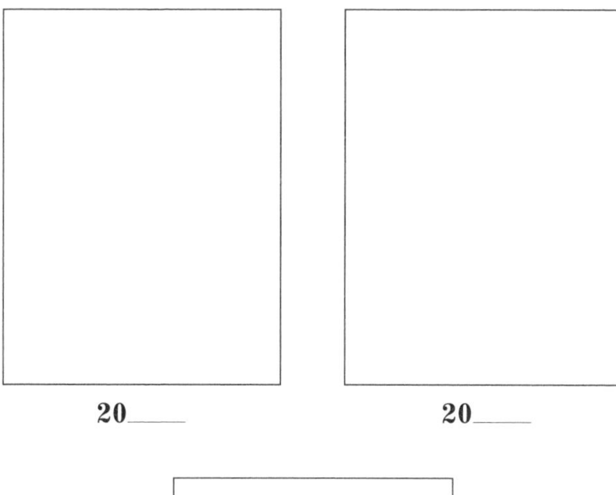

20____ **20**____

20____

1

NOVEMBER

What riddles does your grandchild like?

20____ • ____________________

20____ • ____________________

20____ • ____________________

NOVEMBER

2

What makes your grandchild laugh?

20____ • ____________________

20____ • ____________________

20____ • ____________________

3

NOVEMBER

What modern parenting practice
do you disagree with?

20____ • ______________________________

20____ • ______________________________

20____ • ______________________________

NOVEMBER

4

What is it like to eat at a restaurant with your grandchild?

20____ • ____________________

20____ • ____________________

20____ • ____________________

5

NOVEMBER

When did your grandchild give you a scare?

20____ • ____________________

20____ • ____________________

20____ • ____________________

NOVEMBER

6

When did your child give you a scare at your grandchild's current age?

20____ • ____________________

20____ • ____________________

20____ • ____________________

7 NOVEMBER

Are your grandchild's parents' expectations for him or her the same as yours?

20____ • ______________________________

20____ • ______________________________

20____ • ______________________________

NOVEMBER

8

How often do the in-law grandparents see your grandchild?

20____ • ______________________________

20____ • ______________________________

20____ • ______________________________

9

NOVEMBER

What is your grandchild's
favorite indoor activity?

20____ •

20____ •

20____ •

NOVEMBER

10

What are the physical challenges of grandparenting?

20____ • ________________________________

20____ • ________________________________

20____ • ________________________________

11

NOVEMBER

What new word did you teach your grandchild?

20____ • ____________________

20____ • ____________________

20____ • ____________________

NOVEMBER

12

What special activities or classes does your grandchild attend?

20____ • ________________________________

20____ • ________________________________

20____ • ________________________________

13

NOVEMBER

What athletic activities do you do with your grandchild?

20____ • ____________________

20____ • ____________________

20____ • ____________________

NOVEMBER

14

What is your grandchild
most curious about?

20____ • ______________________________

20____ • ______________________________

20____ • ______________________________

15

NOVEMBER

What do you do differently from one of your grandparents?

20____ • ________________________________

20____ • ________________________________

20____ • ________________________________

NOVEMBER

16

What is your grandchild very particular about?

20____ • ______________________________

20____ • ______________________________

20____ • ______________________________

17

NOVEMBER

Is your grandchild gentle
with animals?

20____ • ______________________________

20____ • ______________________________

20____ • ______________________________

NOVEMBER

18

What are your limits
as a grandparent?

20____ • ____________________

____

____

____

____

20____ • ____________________

____

____

____

____

20____ • ____________________

____

____

____

____

19

NOVEMBER

How do you keep in touch with your grandchild when you are not nearby?

20____ • ____________________

20____ • ____________________

20____ • ____________________

NOVEMBER

20

What is something you wish you had handled differently with your grandchild?

20____ • ______________________________

____

____

____

____

20____ • ______________________________

____

____

____

____

20____ • ______________________________

____

____

____

____

21

NOVEMBER

How do you think you have influenced your grandchild?

20___ • ___

20___ • ___

20___ • ___

NOVEMBER

22

How will your grandchild celebrate
Thanksgiving this year?

20____ • ______________________________

20____ • ______________________________

20____ • ______________________________

23

NOVEMBER

When does your grandchild
get overexcited?

20___ • ___

20___ • ___

20___ • ___

NOVEMBER

24

What is your grandchild's usual diet?

20____ • ______________________________

20____ • ______________________________

20____ • ______________________________

25

NOVEMBER

Are your grandchild's parents' Thanksgiving traditions different from yours?

20____ • ____________________

20____ • ____________________

20____ • ____________________

NOVEMBER

26

Is your grandchild musical?

20____ • ____________________

20____ • ____________________

20____ • ____________________

27

NOVEMBER

What past worry about your grandchild now seems silly?

20____ • ____________________

20____ • ____________________

20____ • ____________________

NOVEMBER

28

What can you imagine your grandchild in an ad for?

20____ • ____________________

20____ • ____________________

20____ • ____________________

29

NOVEMBER

Where is your grandchild ticklish?

20____ • ____________________

20____ • ____________________

20____ • ____________________

NOVEMBER

30

How does the cold weather
affect your grandchild?

20____ • ______________________________

20____ • ______________________________

20____ • ______________________________

1

DECEMBER

What thing you do does your grandchild find funniest?

20____ • ____________________

20____ • ____________________

20____ • ____________________

DECEMBER 2

Pick the adjectives that describe your grandchild's body: *round* *lean* *pudgy* *dimply* *lanky* *compact* *strong* *roly-poly*

20____ • ______________________________

____

____

____

____

20____ • ______________________________

____

____

____

____

20____ • ______________________________

____

____

____

____

3

DECEMBER

What does your grandchild
like to do in the snow?

20____ • ______________________________

20____ • ______________________________

20____ • ______________________________

DECEMBER

4

How have the holidays changed since the birth of your grandchild?

20____ • ____________________

20____ • ____________________

20____ • ____________________

5

DECEMBER

Which of your holiday traditions
will your child continue?

20____ • ______________________________

20____ • ______________________________

20____ • ______________________________

DECEMBER

6

What special holiday preparations have you made for your grandchild?

20____ • ______________________________

20____ • ______________________________

20____ • ______________________________

7

DECEMBER

When did your grandchild's behavior
in public make you feel proud?

20____ • ______________________________

____

____

____

____

20____ • ______________________________

____

____

____

____

20____ • ______________________________

____

____

____

____

DECEMBER

8

What does your grandchild ask you
to do over and over and over and over?

20____ • ____________________

20____ • ____________________

20____ • ____________________

9

DECEMBER

What blanket or piece of clothing from your child did you save for your grandchild?

20____ • ______________________________

20____ • ______________________________

20____ • ______________________________

DECEMBER

10

What do you plan to do the next time you see your grandchild?

20____ • ____________________

20____ • ____________________

20____ • ____________________

11

DECEMBER

Do you have more or less patience as a grandparent than you had as a parent?

20____ • ______________________________

____

____

____

____

20____ • ______________________________

____

____

____

____

20____ • ______________________________

____

____

____

____

DECEMBER

12

What does your grandchild's
winter coat look like?

20____ • ________________________________

20____ • ________________________________

20____ • ________________________________

13

DECEMBER

What is your favorite indoor project
to do with your grandchild?

20____ •

20____ •

20____ •

DECEMBER

14

Describe your grandchild's room.

20____ • ______________________________

20____ • _______________________________

20____ • _______________________________

15

DECEMBER

What is a holiday memory
you have of a grandparent?

20____ • ____________________

20____ • ____________________

20____ • ____________________

DECEMBER

16

Where is your grandchild's favorite place to eat?

20___ • ____________________

20___ • ____________________

20___ • ____________________

17

DECEMBER

How can you tell when your grandchild is entering a new stage?

20____ • ____

20____ • ____

20____ • ____

DECEMBER

18

What do you wish were easier
for your grandchild?

20___ • ______________________________

20___ • ______________________________

20___ • ______________________________

19

DECEMBER

When did you disagree recently with your grandchild's parents but hold your tongue?

20____ •

20____ •

20____ •

DECEMBER

20

What new experience did your grandchild have with you?

20____ • ____________________

20____ • ____________________

20____ • ____________________

21

DECEMBER

What would be a good gift
for your grandchild?

20____ • ____________________

20____ • ____________________

20____ • ____________________

DECEMBER

22

What were your child's favorite toys at your grandchild's age?

20____ • ______________________________

20____ • ______________________________

20____ • ______________________________

23 DECEMBER

What kind of music does your grandchild like best?

20____ •

20____ •

20____ •

DECEMBER 24

What developmental milestone
are you eagerly awaiting?

20____ • ____________________

20____ • ____________________

20____ • ____________________

25

DECEMBER

What show or movie are you looking forward to seeing with your grandchild?

20____ • ____________________

20____ • ____________________

20____ • ____________________

DECEMBER

26

Is your grandchild independent?
Give an example.

20____ • ____________________

20____ • ____________________

20____ • ____________________

27

DECEMBER

What is a question that your grandchild recently asked?

20____ •

20____ •

20____ •

DECEMBER

28

Do you and your grandchild
have an inside joke?

20____ • ______________________________

20____ • ______________________________

20____ • ______________________________

29

DECEMBER

What would be a perfect day
with your grandchild?

20____ • ______________________________

20____ • ______________________________

20____ • ______________________________

DECEMBER

30

What is a story you tell your grandchild about yourself as a child?

20____ • ____________________

20____ • ____________________

20____ • ____________________

31

DECEMBER

What advice would you give
to a new grandparent?

20____ • __________

20____ • __________

20____ • __________